Ose l'amour !

S'aimer soi-même, aimer les autres

Du même auteur

Aux éditions Philippe Rey
L'Évangile selon saint Loubard (repris chez Points)
L'Évangile, une parole invincible (repris chez Points)
Rallumez le feu ! Vivre l'Évangile (repris au Livre de Poche)
Et si on parlait de tes mômes ?
Réussis ta vie !
Mes plus belles prières
Ose l'amour !
Face à la souffrance
Lutte et aime, là où tu es ! (repris chez Points)
La magie des animaux
Apprends à pardonner
Coeur de prêtre, coeur de feu (repris chez Points)
La vieillesse, un émerveillement
Petit guide de prière
Éveilleur d'espérance
Le couple
Occupe-toi des autres !
Vagabond de la bonne nouvelle (repris chez Points)
Le Bonheur
Nos fragilités
Jésus, un regard d'amour

Aux éditions Stock (repris au Livre de Poche)
Un prêtre chez les loubards
La rue est mon église
Des jeunes y entrent, des fauves en sortent
L'Espérance aux mains nues
Aventurier de l'Amour
Avec mon aube et mes santiags
Les petits pas de l'Amour
Jusqu'au bout !
Dieu mon premier Amour
Des loups dans la Bergerie
Dealer d'Amour
Passeurs de l'impossible
Ma religion, c'est l'Amour
Kamikaze de l'espérance
Et si je me confessais

Aux éditions Salvator (repris chez J'ai Lu)
Cris de jeunes

Aux éditions des Béatitudes
Chemin de croix
Le plus bel album de famille : le rosaire
Les mystères lumineux du rosaire

Aux éditions du Livre ouvert
La violence... un appel ?
Lutte, prie et aime

Aux éditions Coccinelle (bandes dessinées)
Aimer à tout casser
Des loups à Faucon

-ce livre n'est pas a stocker
mais a passer de main en mains
-merci-

Je te souhaite de vivre
debout et habité.
Je te souhaite de vivre
le souffle en feu,
brûlé vif de tendresse.
Je te souhaite de vivre
sans titre, sans étiquette,
sans distinction,
ne portant d'autre nom
que celui d'humain.
Je te souhaite de vivre
sans te laisser acheter par l'argent.
Je te souhaite de vivre
sans jamais rendre quelqu'un
victime de toi-même.
Je te souhaite de vivre
sans suspecter
ni condamner quiconque,
même du bout des lèvres.
Je te souhaite de vivre l'Inespéré,
de vivre l'Amour…

Introduction
L'Amour sauve tout

Il n'y a rien de plus grand

Quand on me demande de parler d'amour, je bondis, c'est irrésistible. Je ne connais rien sur terre de plus envoûtant.

L'amour humain est ce qui fait vivre l'être. Ça le hante. Ça lui fait renverser les montagnes et franchir les abîmes. Mais tout amour est fragile, il se heurte à de nombreux obstacles. Il est un combat sans cesse renouvelé.

Le jeune adolescent s'y engouffre bille en tête et sans arrière-pensée, croyant qu'il est acquis, irréversible. Pauvre de lui, mais il est aussi suprêmement riche d'avoir encore l'innocence de l'enfant. Il peut, si l'amour se dérobe, aller jusqu'au suicide ou garder pour toujours le goût amer d'un rêve inaccessible, parce que cassé, trompé une première fois. Il ne sait pas encore qu'aucun être ne peut tout donner, tout recevoir, dans une complémentarité qu'il croit paradisiaque et indestructible. Il ne sait pas qu'on ne donne pas son cœur et son corps sans préparation, sans attente.

L'adulte, lui, le sait après l'avoir expérimenté. Les meurtrissures de l'amour l'ont mis en état de vigilance. Il panse ses blessures (pas toujours) et même, parfois, veillera à ne plus se faire prendre par les filets de l'amour. Sa vie ne sera alors qu'errance, il ira peut-être jusqu'à des trahisons répétées pour se venger. Pourtant, il reste souvent à l'affût de la quête prudente et insatiable du bonheur d'aimer et d'être aimé, enfin !

J'ai une tendresse particulière pour tous les blessés de l'amour, divorcés ou séparés. Ils se multiplient. Ils sont, au cœur de notre société, parmi les plus fragiles et les plus exposés.

J'ai toujours quelques livres avec moi pour offrir à des personnes qui me reconnaissent, de gare en gare, d'aéroport en aéroport. Il y a trente ans, les trois-quarts des hommes et des femmes me donnaient le prénom de leur conjoint pour l'ajouter au leur dans la dédicace. Aujourd'hui, seul un quart me le livre, me laissant deviner la souffrance des séparations.

On manque d'éducateurs de l'amour depuis la plus tendre enfance. Dire et redire à nos jeunes : « Il n'y a rien de plus grand que l'amour. Mais prépare-toi bien à cette aventure qui sera la plus belle de ta vie. N'écoute jamais ces conseillers de merde qui te lancent : "Une de perdue, dix de retrouvées." "Fais l'amour." "T'es puceau, quelle connerie !" Et prends des capotes surtout ! »

J'en donne certes, des capotes à certains jeunes. Je ne suis pas un vétérinaire mais un médecin du corps et du cœur. Les jeunes d'aujourd'hui ont peur de l'amour alors que c'est un moment merveilleux. Les protéger d'un moment sexuel passager est nécessaire mais pas suffisant. Les éduquer est essentiel. Ça prend beaucoup plus de temps qu'un préservatif offert à la va-vite.

J'ai connu des jeunes adultes (rares, si rares) qui ont su et pu se préparer à rencontrer le cœur et le corps de l'autre : l'unique, le seul ou la seule, qu'ils attendaient et désiraient. Approuver ce choix, c'est passer pour un ringard affligeant, un prêtre conservateur, un mec qui n'y connaît rien et devrait simplement fermer sa gueule.

Je l'ouvrirai jusqu'au bout, ma gueule. Parce que

je place l'amour au plus haut du plus haut de ce qu'un humain peut vivre.

Je l'ouvrirai toujours pour dire que le corps de l'autre n'est pas un banc d'essai de l'amour. Encore moins un objet sexuel.

J'affirme que faire l'amour est l'un des plus beaux moments que deux êtres peuvent vivre. C'est un grand mystère, l'amour. L'animal ne le vivra jamais. Il copulera, baisera n'importe qui de son espèce. Rares sont les animaux fidèles. Ceux-ci restent exemplaires pour l'homme, même s'ils sont privés de cette dimension intérieure qui rend l'amour éblouissant, fulgurant, éternel.

> *On ne peut pas faire de grandes choses – rien que des petites, avec un amour immense.*
>
> Mère Teresa

Lorsque la crise, c'est… chez toi

Tu ne peux plus communiquer avec ta femme. Ta crise à toi, c'est l'amour… bloqué loin du port où vous vous êtes juré fidélité. Accomplis les gestes qui feront sauter les barrières. Sois humble. Pardonne ou demande pardon. C'est un sac plein d'étoiles qui arrivera au port.

Tu fais la gueule à tes vieux. Ils refusent de t'autoriser tout et n'importe quoi. Ils ont raison. Tu sais bien que tu as tort. Fais les premiers pas. Dialogue. Parle. Discute. Tu peux tout débloquer. Fais-le vite. Tes parents sont tes phares.

Tes voisins s'engueulent et se battent. Ils sont totalement isolés. Ne dis jamais : « Je m'en fous, c'est leur problème. » Tes renforts à toi seront les multiples occasions que tu saisiras pour entrer en contact avec eux. Ils n'attendent peut-être que toi pour rompre leur isolement intenable. Essaie. Quand tout est noir, brille toujours l'espérance.

Ton copain de classe va passer des fêtes de merde. Le foyer brisé de ses parents le condamne à la solitude. Fais de l'ingérence fraternelle un devoir. Tu seras pour lui une sacrée étoile.

Ne crois pas qu'une pièce un peu plus grosse que d'habitude sera suffisante pour le clochard qui se les gèle sur le trottoir. Invite-le à boire un coup avec toi. Tu attraperas des puces. Ces puces-là seront des myriades d'étoiles.

Personne ne t'empêche de donner. Même par temps de crise, l'amour et le partage sont les plus belles des étoiles.

Une petite voix

Tout faire par amour : le matin, m'arracher de mon pucier est une corvée que je subis depuis mon enfance. Comme c'est dur de quitter son lit chaud et son oreiller douillet ! La petite Thérèse me souffle : « Tout faire par amour. » Et je m'arrache de mon lieu de repos.

J'ai toujours la même tendance à bâcler ma toilette : autre épreuve ! Et je repense à cette phrase de Thérèse… Cette fois-ci elle évite à mon rasoir (d'habitude fébrile) de me taillader la joue.

Faire ces rituels avec amour semble stupide et inutile.

Pourtant, s'impliquer avec amour dans le moindre geste est de l'ordre de la sainteté. Tout compte pour aimer, soi, les autres, et les petites choses innombrables qui remplissent une journée.

Une fois levé, je passe à l'attaque. Rendez-vous, courriers et appels téléphoniques m'assaillent. Au cœur de ce programme surchargé, arrive cet emmerdeur de loubard qui vient, comme à son habitude, me taper des euros avec sa tactique bien rodée. « Comme je suis heureux de te voir, Guy. Pas pour le fric, ne t'inquiète pas ! » Je sais que durant la première demiheure il va balayer l'actualité mondiale, puis celle du quartier, pour finir par celle de son portefeuille, évidemment vide… « Tout par amour », me serine Thérèse ! Faire donc semblant de le croire et lui offrir avec respect moins de fric qu'il me demande, mais assez pour qu'il sente qu'au bout du billet il y a une écoute vraie.

La pile de courrier est là. Je trie. « Les lettres chiantes d'abord », me glisse Thérèse. Je lis donc celui ou celle qui écrit sa détresse, ou me sollicite pour une aide, ou bien carrément m'engueule. Tant de tâches m'attendent. « C'est ta priorité », me souffle Thérèse. Alors je vais lire pleinement, avec amour.

Illuminé par ces paroles : « Tout faire par amour », je retrouve à quatre heures du matin mon pucier. Rien n'a vraiment été réussi. Mais ces quatre mots de Thérèse m'ont porté au-delà de moi-même.

Pimentez vos journées de petits gestes d'amour. Ils permettront à l'humanité de respirer et d'être meilleure. Un seul geste d'amour grandit l'humanité tout entière.

L'Amour à deux

Nos vraies racines

Je file dans la nuit rejoindre à quelques centaines de kilomètres Christophe et Nadine que je devais marier le lendemain dans la Drôme. Ils tenaient plus que tout à ce que je sois le prêtre témoin de leur amour. Christophe est un ancien. C'est le seul adulte loubard que j'ai baptisé à sa demande, il y a cinq ans. Peu de temps après le baptême, la chute. Une vieille affaire de hold-up où il avait joué le rôle de pigeon. Son complice venait de le balancer, je crois, un an après les faits.

Christophe a souffert atrocement. Quelques années de prison l'ont marqué à vie. Il n'a pu endurer cet enfer. Alors il s'est ouvert les poignets. Il a avalé fourchette et cuillère. Je me souviendrai toujours d'un parloir à Fresnes après l'opération. Devant mon incrédulité, il m'a montré son ventre. Le médecin de la prison, véritable boucher, l'avait recousu comme on n'oserait pas le faire à des chiens dans une clinique vétérinaire. Derrière les fils couturant la plaie du ventre, j'ai deviné ses entrailles palpiter.

C'était insoutenable.

Ils sont devant moi, sur le prie-Dieu. J'évoque, avant l'échange des consentements, la vie de Christophe. Une cinquantaine de personnes écoutent d'autant plus attentivement qu'avec Jean-Marie et Ginette, la famille d'accueil de Christophe, elles ont depuis deux ans travaillé avec acharnement pour aider Christophe et Nadine à bâtir leur amour naissant dans les conditions les meilleures. Angélique, leur gosse de six mois, est là dans l'église silencieuse et recueillie. Elle n'a braillé qu'au moment des applaudissements qui ont éclaté à la fin du baptême, quand je l'ai soulevée pour la présenter à la famille chrétienne qui l'ovationnait.

Je décris longuement la déroute complète où j'ai trouvé Christophe lors de notre première rencontre, il y a cinq ans. Je raconte sa joie de vivre avec nous et le chemin de croix qui a suivi brutalement. J'insiste sur la chance qu'il a eue de trouver dans cette petite ville, à sa sortie de prison, un amour et une communauté chrétienne accueillante et vigilante, qui l'ont épaulé jusqu'à ce jour de fête – pour le bonheur d'un couple qui, seul, aurait été écrasé par son passé, sa solitude, et des difficultés de tous ordres.

Je termine l'homélie : « Christophe et Nadine, sachez que nos vraies racines, c'est l'amour. Si vous n'avez pas eu de racines familiales, vous avez, grâce à vos amis ici présents, des racines puissantes et indestructibles. Gardez-les. C'est ce que vous avez de plus précieux. Ils sont votre famille. »

> *Aimer, c'est bien, savoir aimer, c'est tout.*
>
> François-René de Chateaubriand

Petits conseils aux tourtereaux

On me demande toujours des conseils en amour. Moi le prêtre, qui n'ai jamais vécu la belle aventure du mariage, mais qui ai vu tant de couples se faire et se défaire, souvent durer aussi, heureusement, moi, le célibataire, je suis devenu expert en mariage ! Car je sais que l'amour à deux a aussi ses règles, simples, inflexibles, difficiles parfois, mais qui, si elles sont bien suivies, font monter les tourtereaux au septième ciel !

En amour, l'autre ne doit jamais être d'abord objet désirable. Il (ou elle) est une immensité de merveilles et de contradictions, et, avant tout, un cœur. Tu n'auras pas assez de toute une vie pour découvrir le mystère de sa personne. Prépare-toi à cela.

Les séparations qui se multiplient sont le signe d'un temps où on confond l'attrait pour des choses matérielles et l'attrait qu'on ressent pour une personne. On veut une voiture. Et puis une plus belle. On a un appartement. Et puis un autre plus confortable. La résidence secondaire a beau être la plus attrayante qui soit, une fois qu'elle a été durement acquise, la lassitude arrive souvent.

On n'est jamais satisfait.

En amour, si c'est pareil, c'est catastrophique. Sauf si on porte en soi une dynamique qui nous pousse haut, très haut, et tout le temps de sa vie.

L'attention, l'écoute, les mille petits efforts pour accepter l'autre, lui dire son amour, sont les marches les plus sûres pour ne pas se casser la gueule. Un petit conseil, un énorme conseil : ne vous couchez jamais sans vous être demandé pardon. Sachez dire « pardon », « pardonne-moi », ou « je te demande pardon ». Tant de couples se sont quittés parce qu'ils n'ont pas su se le dire.

Que votre famille reste le cœur de votre vie. La

famille, c'est la cellule la plus petite, la plus grande, la plus noble, la plus ancienne, la plus neuve.

Votre couple, d'abord. J'entends souvent des couples parler des enfants. Je dis : « D'abord vous deux ». Je suis le troisième d'une famille de pauvres. On était quinze enfants. Quel amour nous portaient mon père et ma mère ! Je ne fais que rendre, comme prêtre, l'amour que j'ai reçu d'un homme et d'une femme, mon père et ma mère. Mais ils se le donnaient d'abord entre eux deux.

Le roc de votre vie sera l'amour que vous vous donnerez l'un à l'autre. Votre couple d'abord. Vos obligations, votre travail vous prendront du temps, mais d'abord vous deux. Aimez votre différence, aimez que l'autre soit différent. N'oubliez pas : respectez-vous infiniment. Le respect, c'est le plus beau nom de l'amour.

Et puis que vos portes soient ouvertes aux quatre coins de l'amitié. Que les plus petits soient servis d'abord.

Enfin, vos enfants : ils seront les étoiles de berger de vos vies.

Donnez-leur les valeurs de respect et de tolérance, d'amour de l'autre. Transmettez-leur les trésors religieux que vous avez reçus tout petits. Aimez-les. Que votre travail ne vous dévore pas. On ne rattrape jamais l'amour qu'on n'a pas donné aux petits quand ils sont dans le nid, si fragiles. J'en sais quelque chose dans mon métier d'éducateur spécialisé.

Valorisez l'amour, l'amour du cœur. Valorisez la fidélité. Dites l'immensité de la beauté de la personne dans son cœur d'abord – dans son corps aussi – mais dans son cœur d'abord. Valorisez l'enfant qui dort dans le ventre de sa mère, ce maillon le plus fragile de la vie qu'est l'enfant.

Valorisez aussi le vieillard, valorisez ces deux maillons de la chaîne de la vie, le plus petit qui dort dans le palais de sa mère et le vieillard qui s'éteint.

Aimez-vous dans votre vie privée. Il vous faut prendre du temps pour cela. Parce qu'une vie privée, vous en aurez une et c'est très important. Que votre amour soit rayonnant. Soyez des rayons lasers.

> *C'est plein de disputes, un bonheur.*
>
> Jean Anouilh

Maîtrise ta sexualité

Si tu baises comme un castor.

Si tu vas de fille en fille, ou de mec en mec, de boîte en boîte, de samedi soir en samedi soir, tu as tous les risques d'être incapable de forger les liens qui t'uniront un jour à la femme que tu aimeras enfin pour de bon.

Tu auras beau lui vouer un grand amour, ton corps, ton sexe auront tout enregistré dans cette période où tu te conduisais en coq irrésistible et où tu pensais tout baiser, tout vivre, tout te permettre, sans risques et sans conséquences pour le lendemain.

Le désir est infidèle. Seul, l'amour est fidèle.

Mais quand on a cédé de nombreuses fois au seul désir de l'autre, sans vraiment l'aimer, on a beaucoup de peine à aimer vraiment, dans la durée.

C'est logique.

Tu as fait l'amour souvent avec des partenaires différent(e)s. Tu as sans doute cru que c'était une question d'amusement, de pulsion, d'instinct, d'hygiène. Mais c'est méconnaître le formidable enregistreur d'émotions que sont ton corps et ton cœur.

On n'est pas des castors, ni des orangs-outangs, ni des taureaux ! On est des personnes humaines. C'est plus que différent. La rencontre de deux corps humains dans l'amour physique n'est pas celle du bélier et de ses brebis. Le bélier baise à tout va. Et tout le troupeau. Vite fait bien fait. Elles passent à une vitesse qui m'a toujours stupéfié. Loi de nature, obéissant à d'autres nécessités.

Faire l'amour entre humains est extrêmement mystérieux – si, bien sûr, on est attentif à ce mystère.

Les corps engrangent alors tout dans ce moment merveilleux où ils s'unissent.

Si enfin tu te stabilises dans un amour définitif, reviendront un jour à ta mémoire tels moments irrésistibles que tu auras vécus avec un(e) de tes multiples partenaires. Et tu te souviendras : « Ah, la voltige russe, le saut du lapin, la barre de l'Himalaya, la gazelle renversée, etc. »

Évidemment, ton (ta) partenaire ne pourra à lui (elle) tout(e) seul(e) rassembler des moments intenses, brefs, forts, mais sans lendemain.

La maîtrise sexuelle paraît ringarde, dépassée, conservatrice et hors du temps. Elle est pourtant en grande partie source de fidélité, d'amour.

Rencontrer un puceau ou une pucelle, par les temps qui courent, est aussi courant que de croiser un éléphant dans les couloirs du métro. D'accord. Mais c'est quand même navrant.

> *Le sexe représente une force trop immense pour que l'on en fasse bon marché ou mauvais usage.*
>
> Erica Jong

Éloge des caresses

De plus en plus, je suis appelé par les jeunes de la rue à les aider, quand ils me le demandent, dans leurs difficultés conjugales. Elles ne sont pas minces. Leur passé violent, perturbé, les suit toujours, même si on a fait un sacré bout de route ensemble.

Le problème prioritaire est de convaincre le jeune de prendre du champ par rapport à sa bande. Ce n'est ni la belle-mère ni la mère qui envahit le couple, mais la bande, sa famille. La fille qui se sent aimée n'y croit plus quand les copains déboulent à n'importe quelle heure dans l'appartement conquis de haute lutte. Son mec héberge un soir un copain perdu dans la nuit. Le lendemain, un autre arrive juste au moment où ils vivent leur intimité conjugale. Un couple ne peut vivre au milieu d'une avenue où passent et repassent toutes les amitiés et les solidarités du monde.

Parfois il m'est demandé d'aider les jeunes à vivre leur vie sexuelle. Une fille que je connaissais bien me confie un jour que les étreintes sexuelles de son couple étaient des plus brèves. Un ou deux orgasmes et le mec s'en allait repu, sans tenir compte du plaisir de sa compagne.

Je vois le mec, un ancien, et lui en parle. À sa réponse : « Mais quoi faire ? Je l'aime, tu sais », je lui ai rétorqué : « Lui enlever sa culotte et l'enfourcher n'est pas exactement une façon de lui dire que tu l'aimes. Caresse-la. – Mais où ? interroge mon lascar. – Caresse-lui les seins, le dos, les fesses. Enfin ne sois pas un bison, et fais comme la tourterelle qui roucoule ou l'éléphant qui caresse longuement. Prépare-la à recevoir le don de toi. »

Quinze jours après, la fille est venue me remercier avec pour seul commentaire : « C'est super, mon mec me caresse et il aime ça. Je ne savais pas que les curés connaissaient tant de choses ! »

L'amour en échec

J'ai une tendresse particulière pour ceux qui se trouvent séparés ou divorcés.

Quand quelqu'un vous a dit un jour qu'il vous aimait et quand vous avez dit : « Je t'aime », vous savez que la plus belle des choses dans la vie est l'amour. Mais, un matin, la personne s'en va, ou bien vous partez pour une autre, pour un autre. La plus belle des aventures n'est pas de gagner le plus d'euros possible, d'avoir une belle maison ou la plus grosse bagnole. La plus belle des constructions dans la vie n'est pas d'être ingénieur, d'avoir un super-clébard, un super-poisson rouge et un super-décor ! Non, la plus belle des aventures, la plus grande réussite, c'est l'amour.

Dire un jour « je ne t'aime plus » c'est tuer quelqu'un ou le suicider quelque part.

Or en France, en ville, un mariage sur deux finit par un divorce ! En campagne, on compte un divorce pour trois mariages. Bientôt un couple fidèle deviendra une curiosité à visiter !

Nos jeunes consacrent un temps fou à leurs études pour se préparer à la vie professionnelle. Obtenir un poste d'ingénieur leur demande parfois six ou sept ans de travail. Et ils bâclent la plus belle aventure de leur vie en se mariant quelques mois seulement après leur rencontre. D'abord ils passent à l'horizontale et font l'amour. Je dis aux jeunes : « Attendez un peu, si vous commencez par le plaisir du corps, c'est foutu. Attendez pour faire l'amour, mettez du temps. Avant de connaître le sexe de l'autre, essayez de connaître son cœur.

« Songez ce que sera le travail de reconstruction si vous devez vous séparer. Que deviendra votre enfant ? Imaginez l'effort pour retrouver une autre femme avec qui vous entendre ou un autre mari qui vous plaise. »

Nos jeunes s'installent de plus en plus dans une certaine désespérance face à l'amour. Je vis avec des jeunes et j'ai pu observer et vérifier que la séparation ou le divorce de leurs parents les disloque, les vrille, les évide. Nous ne saurons jamais combien les enfants sont atteints et blessés ; ils éprouvent une sorte de dégoût. Ils ont peur de la fidélité.

Un jeune que je connais bien m'a présenté son amie. Il l'aime beaucoup. Je lui ai demandé quand ils comptaient se marier. Il m'a répondu que ses parents avaient divorcé, que ses grands-parents avaient divorcé, et qu'il ne comptait pas perpétuer la tradition. Il ne pouvait pas croire que son union puisse tenir avec cette jolie fille qu'il aimait tant. Ces jeunes n'ont pas d'espérance. Ils ont peur de se lancer dans la plus belle aventure de la vie.

La bataille sordide du divorce

De plus en plus de couples, tout en s'unissant, planifient déjà leur séparation future : « On voit si on est faits l'un pour l'autre », « Si ça ne colle pas, on se sépare », « C'est bien pour l'instant, on verra plus tard ». Bonjour, demain !

Ce lendemain-là sera rarement fidèle. S'il n'y a pas d'enfants, les dégâts sont limités. Si le gosse pointe son nez à la fenêtre, désiré ou pas, la déchirure commence.

Et la bataille s'engage. *Cool*, rarement. *Hard*, le plus souvent. « J'ai pris un avocat. Cette garce ne gardera pas mon gosse. » « Le juge est de mon côté. Ce salaud n'aura pas la garde du petit. » « Il a quitté la baraque avec les gosses pendant que j'étais au boulot. » « Elle a profité des vacances pour fourguer les enfants à la belle-mère. »

Un placement assez sûr, ce sont les grands-parents. Ils sont souvent là pour éviter l'irréparable. En attente du jugement, ils accueillent les gosses. Irremplaçables. Pas toujours cependant, notamment quand ils deviennent captateurs et se battent crocs et ongles pour garder les gosses. C'est de plus en plus courant, et particulièrement navrant.

Passons sur les détails matériels. Parce que cette rubrique est rarement innocente. Apparemment, l'enjeu, ce sont les gosses. Mais souvent, en douce, ce sont les comptes en banque vidés sordidement ou la longue bataille pour récupérer un meuble, un lit, la villa, l'appart ou le bateau des vacances, quand ce n'est pas le clébard.

Enfin, tout ce qu'il faut pour, de nuit en nuit, dormir bien, penser juste, vivre heureux !

Les yeux innocents de vos gosses

Que vos gosses soient prioritaires, dans un respect mutuel pour les sauver, eux. Pas les meubles.

Que leurs yeux innocents puissent, chaque fois que vous les rencontrez, vous faire chavirer le cœur et vous apprendre le discernement.

Qu'ils ne soient jamais déchirés par vos magouilles sordides ou vos entêtements stupides.

Séparés (puisque vous dites ne pas pouvoir faire autrement), mais toutes vos forces intactes pour les envelopper ensemble d'un même regard. Vous pourrez encore tout sauver, tout réparer.

Vos difficultés d'adultes sont votre histoire… Ce n'est pas la leur. Évitez-leur vos affrontements.

Ils ont besoin d'unité. Votre rupture est assez catastrophique pour que ne s'y ajoutent pas des réflexions qui détruisent, enfoncent et paralysent vos gosses dans leur évolution.

« Mes parents sont des enfants. Je suis le seul adulte de la famille », me disait en se marrant Matthieu, quinze ans, ballotté entre père et mère. Il avait raison. À cette nuance près qu'un adolescent trop vite adulte essaiera un jour de retrouver son enfance. Et il mettra un sacré temps à récupérer ses repères.

De passage dans un village, je mange avec un père de famille divorcé, seul avec son gosse. Le père me confie que son enfant de douze ans doit choisir dans la semaine le parent avec lequel il vivra. Dès le hors d'œuvre, j'interroge le gosse. « J'aime bien ma piaule chez mon père. Mais y a moins de bruit chez ma mère. J'adore mon chien, etc. » Le môme déluré énumérait des objets, tiraillé qu'il était entre les lieux. L'enfant a besoin d'un lieu stable, pas de deux. Pas de quatre parents. Deux lui suffisent. Quand je rentre le dimanche soir en avion et que je suis au fond, près des gosses qui retournent chez l'un ou l'autre, j'en ai les larmes aux yeux d'entendre leurs paroles de gosses déchirés, écartelés par la séparation de leurs parents.

À toi, enfant de la déchirure

Tu me hurles ta rage d'apprendre que tes vieux se séparent.

Tu m'appelles au secours parce qu'il n'est pas question pour toi de vivre avec ta mère – ou avec ton père qui a obtenu ta garde sans ton accord.

Tu m'écris en même temps que tu n'en as rien à foutre que tes parents se séparent. « Ma liberté y gagnera », m'affirmes-tu.

Quand je te vois, tu ne me dis rien. Tu me regardes à peine. J'ai déjà pigé. Dans tes yeux, je lis l'angoisse que tu vis. À la maison, le bonheur a basculé quand l'un des deux a quitté le nid.

C'est vers toi que je vais en priorité. Parce que tu as les jambes et les bras cassés, et le cœur en marmelade. Face à l'échec de tes vieux, tu es paumé(e) au-delà de ce que tu me montres.

Je n'ai pas de conseil à te donner. Simplement, on va discuter. Ça peut t'aider. Parce que tu as besoin plus que tout de discuter avec quelqu'un. Ta mère ou ton père que tu aimais tant, d'un seul coup est parti(e). Tu n'as pas vu le coup arriver, ou parfois tu as été seul(e) à le pressentir.

Tu leur en voudras à mort au début. Normal. Apprends peu à peu à respecter leur choix, même s'ils se plantent. Et à vivre avec ce vide, terrible au début.

Leurs affaires d'adultes, c'est leurs affaires. Si tu commences à juger tout de suite, tu vas t'enfoncer. Tu ne sais pas ce qui se passe entre eux. Qui a tort ? Qui a raison ? Peut-être qu'eux-mêmes ne le savent pas. Sache que, souvent, tes parents sont encore plus paumés que toi.

Tu vas être ballotté(e) entre l'un et l'autre. Ton univers, c'était un seul nid. Maintenant, c'est deux nids. Tu les verras différemment. Surtout si chacun a déjà bâti une nouvelle vie avec un(e) autre.

Reste cool dans cette aventure difficile pour eux et terrible pour toi. Tu restes leur fils ou fille. Habitue-toi à un beau-père ou à une belle-mère.

Ne coupe aucun pont. Tu seras plus grand(e) qu'eux.

Essaie de trouver un adulte qui t'aidera. Il y en a… Profs, parents, grands-parents, voisins, amis, prêtre. Ce n'est pas un jeune de ton âge et dont les parents sont divorcés qui sera le meilleur conseiller. Il risque d'être le pire…

Tu n'as pas encore de repères. Seul un adulte en a quelques-uns. Appuie-toi sur lui et demande-lui conseil.

Sache aussi la grande puissance de réconciliation que tu possèdes, malgré ton jeune âge. Je l'ai vu parfois. Et c'est très beau. Ta détresse, ton inquiétude, tes questions peuvent remettre tes parents sur la même route.

Tu as la puissance de ton innocence et tu es leur lien indestructible. Ils savent que tu ne pousseras bien qu'avec eux. Cela peut les aider à passer par-dessus ce qui, hier, leur apparaissait infranchissable. Reste aussi fidèle à l'amitié qui te lie à tes copains et copines.

Tu prépareras plus tard ton propre nid, armé(e) que tu auras été, dans une épreuve qui aurait pu t'écraser et qui t'a grandi(e).

Sache, avant que je te quitte, que si mon cœur est pris par les loubard(e)s depuis tant d'années, un gros bout est occupé par ta détresse. La plus grande souffrance, c'est de n'être aimé par personne. Et cette souffrance-là ce ne sont pas les seul(e)s loubard(e)s qui la vivent. Riche ou pauvre, un cœur d'ado peut être meurtri au-delà de l'imaginable. Puissent ces lignes t'avoir dit combien je t'aime.

Avant de t'engager

Si tes vieux te poussent à te marier
alors que t'en as pas envie, renonce !

Si l'attrait physique chez ton (ou ta) partenaire
est prioritaire depuis votre rencontre,
ne monte pas les marches de l'autel.

Si tu te sens immature, pas prêt(e), indécis(e),
évite le pas du mariage.
Tu te casseras la gueule.
Attends et renforce-toi.

Si tu penses que dans les heurts qui t'opposent déjà
à ton (ou ta) partenaire,
ce n'est jamais toi qui as tort,
alors ne t'engage pas encore.

Si tu ne travailles pas ton être profond
pour vivre à deux,
tu te planteras sûrement.
Si tu penses, avant le mariage,
que, si cela ne colle pas,
tu auras toujours la possibilité de te barrer,
barre-toi avant.

Si tu crois que l'autre est l'idéal absolu, unique,
tu te goures.
Il est imparfait, difficile à vivre et dur à découvrir,
…comme toi.

Si, après tout cela,
tu te sens prêt(e) à aimer pour la vie,
alors fonce vers un des plus grands bonheurs sur terre,
celui du partage à deux,
le bonheur du mystérieux Amour…

Aimer ses enfants

Prendre le temps pour eux

C'était le déluge. L'homme conduisait lentement. Lorsque, soudain, il le vit. Il était appuyé contre un réverbère, trempé jusqu'aux os. Étonné de voir ce grand adolescent, qu'il reconnut aussitôt, planté là, à cinquante mètres de chez lui, il stoppa net sa voiture. Il baissa la glace et lui cria : « Tu ne t'abrites pas ? » Devant le silence qui suivit, inquiétant, il descendit. « Je te raccompagne chez toi. Monte. – Je n'ai plus de chez moi », répondit le jeune homme. Il insista. Nouveau refus : « Je vous le répète. Je n'ai rien à faire dans cette maison. Pour mes parents, y a que le fric qui compte. Ces gens-là, ils ne m'ont jamais aimé. Laissez-moi. »

L'homme remonta dans sa voiture, ne sachant que faire, stupéfait de cette révélation et de la brutalité des réponses du jeune homme. Il connaissait bien cette famille riche et estimée.

Jamais il ne se serait douté du drame qui s'y jouait.

Trois jours plus tard il apprit que l'adolescent s'était pendu.

Je garde précieusement les photos d'adolescents et d'adolescentes partis brutalement. En pleine force et en pleine jeunesse. De tels suicides sans aucune explication, c'est pour les parents un long cauchemar qui commence. Certains d'entre eux m'écrivent, sachant que je correspondais avec le ou la disparue.

C'est terrible de lire ces phrases : « Il avait besoin de plus d'amour que les autres. On le savait. Mais pris par le temps, le travail et tant de choses qui nous paraissent maintenant insignifiantes, on n'a pas répondu à ses demandes, à ses gestes, on n'a pas compris qu'il implorait qu'on prenne du temps pour lui. » Ou bien encore : « Elle était sans cesse en opposition. On réagissait durement, sans comprendre que par cette attitude de refus elle implorait douceur, silence aimant, dialogue. Qu'il ne fallait surtout pas répondre, comme nous le faisions : "Tais-toi." "Tu nous soûles." "Arrête d'être contre tout." "Si t'es pas contente, la porte est ouverte." »

Elles sont étonnamment contrastées, ces lettres d'adolescents(es) qui m'écrivent de partout. « J'ai tout chez moi, sauf l'amour. » « Je suis dans une famille aisée. Mais je ne suis pas vraiment aimé. » « J'en ai marre de les entendre gueuler du matin au soir. » « Mes vieux s'aiment beaucoup. Leur amour me réchauffe. » « À mes vieux, je dois tout. »

Ce qui est très beau, c'est que, dans chaque lettre où un jeune me parle du bain d'amour familial où il trempe, on trouve presque toujours : « J'aimerais aimer et aider les autres. »

Quant à ceux et celles qui crient leur manque d'amour, ils n'expriment rien d'autre qu'un appel : « Aime-moi. » « Me laisse pas seul. » « Écoute-moi. »

Jamais les jeunes d'aujourd'hui n'ont eu autant besoin d'adultes aimants, dialoguants et capables de tout laisser sur-le-champ quand ils sentent que le regard ou la question de l'enfant nécessite d'être là et le temps qu'il faut.

Pour apprivoiser vos enfants

Ne discourez pas devant vos enfants de votre guerre de 39-45… ou de 14-18.

Ils s'en foutent.

Dites-leur seulement que votre lutte les a rendus

libres aujourd'hui. Votre passé ne les intéresse que lorsque vous retrouvez vos propres craintes d'adolescent(e), craintes et rêves réveillés par vos mômes.

Alors, là, ils vous écoutent.

Il faut pour cela garder et entretenir votre jeunesse.

Ils vous rejettent forcément. C'est leur talent. C'était le vôtre en votre temps.

Ils adorent la contestation pour le plaisir et surtout pour les réactions qu'elle provoque en vous.

Il faut une sacrée patience pour subir leurs assauts. Certains vont loin. Passées certaines barrières, dire « halte », tout de suite, sera toujours excellent.

Vos petits chéris dressent bien de formidables barrages dès que vous frôlez leurs propres remparts !

Ados vous-mêmes, vous saviez qui vous étiez, ce que vous deviendriez, votre voie était toute tracée.

Écoutez-les.

Regardez-les.

Plus que jamais ils ont besoin de votre regard pour grandir.

Une écoute pleine, entière, sans vous lasser, un regard neuf sur eux les mettront debout.

Au contraire, des jugements durs et blessants les brusqueront.

Des interdictions sèches et répétitives les bloqueront et les éloigneront de vous.

Ils veulent tout expérimenter, tout vivre. Plus que vous à leur âge ! Ils ont terriblement avancé sur le chemin des expériences. Dites ce que vous en pensez. Mais ne cherchez pas à rassembler leur puzzle. C'est au jeune de se chercher, d'accepter ses échecs et erreurs dans sa propre aire de jeu. Ne les enfermez jamais dans des mots qu'ils prendront pour argent comptant : « Tu ne seras plus tard qu'un fainéant », « Tu finiras en prison ». Ils risquent de devenir ce qu'on leur prédit, de trouver là leur identité vis-à-vis de l'extérieur et de se réduire à celle-ci.

Ils semblent n'avoir aucune limite. Ils attendent, consciemment ou inconsciemment, que vous leur en fixiez.

Les limites posées, il voudra évoluer librement. C'est un risque parfois. Mais, si vous restez à ses côtés, il le saura. Ça l'aidera lorsqu'il verra lui-même les dangers du « tout, tout de suite », du « je fais ce que je veux » ou du « j'ai besoin de personne ».

Votre responsabilité est énorme. Ce qu'ils attendent, c'est votre confiance. Rien d'autre. Seule votre indifférence les fera vaciller quand elle ne les détruira pas.

Ils ont besoin qu'on leur consacre un temps fou à l'âge de la puberté. Ils se sentent trahis par leur corps. Ils ne s'aiment pas – ou s'aiment trop. Ils ne savent plus qui ils sont et qui ils aiment.

Vous ne retrouverez jamais ce moment, si vous le manquez. Prendre le temps de les aimer est essentiel, de la conception à l'âge où ils partent du nid. Mais la période de la puberté est celle où un père peut refuser un poste supérieur qui le prendra trop et une mère décider de ne jamais manquer d'être là quand ils reviennent de l'école.

Heureux parents.

Bienheureuse adolescence.

Gérer les conflits à la maison exige maîtrise, discernement et affectueuse autorité.

Le besoin d'aimer et d'être aimé, d'être reconnu et stimulé, pousse l'adolescent vers l'âge adulte. L'enfant qui sommeille encore en lui est déchiré quand le conflit survient. Seul l'adulte fort et aimant fera avancer l'adolescent et calmera l'enfant.

Vos enfants ne vivent que dans le présent. Demain, c'est loin pour eux. Vous pensez pourtant à leur avenir. Cet avenir, montrez-le-leur sous un jour positif. Ils brassent assez d'idées noires pour qu'on ne leur prédise pas orages et tempêtes. Ils auront le temps de les découvrir et d'apprécier eux-mêmes les mers sans vagues et les arcs-en-ciel d'après les échecs…

Apprenez-lui à faire des choses simples et belles quand il est déjà tout petit. Et à aller jusqu'au bout de ce qu'il fait (devoirs, maquettes, vaisselle…). Je vous passe les crises, heurts et affrontements que cela provoquera. Mais vous tenez le bon bout. Adulte, il vous remerciera d'être devenu un homme ou une femme du devoir accompli.

Le jour où vous conviendrez que vos enfants sont nés différents, que chacun, avec son tempérament, a besoin d'un regard adulte personnalisé, ils comprendront qu'ils sont uniques. Il ne peut y avoir de préférés dans un nid familial. Ils ne peuvent bien pousser que lorsqu'ils se sentent aimés comme des fils et des filles uniques.

J'ai été éduqué comme ça. Et nous étions quinze ! Cela a été la chance de ma vie.

Enfin, c'est surtout dans les coups durs qu'ils vérifieront notre espérance. Avec l'amour que vous leur donnez, c'est un capital inestimable qu'ils emporteront.

Mieux vaut transmettre un art de vivre à ses enfants que de leur léguer mille pièces d'or.

Proverbe chinois

Aidez-les à découvrir leur sexualité

N'attendez pas, parents, que votre enfant soit éduqué par les copains. C'est déjà trop tard.

Ne laissez pas passer leur silence lourd de questions, quand vous savez que leur corps et leur cœur arrivent à une étape essentielle dans leur parcours d'adolescent pubère.

Écoutez-les. Prenez du temps. N'esquivez pas leurs questions touchant ce domaine ultrasensible par les habituelles réflexions :

« On verra plus tard. » « Tu es trop jeune. » « Ne pense pas qu'à ça. »

Évitez à tout prix de leur jeter quelques confidences sur votre couple éclaté et les affaires intimes de votre lit. Vous leur rendrez le plus mauvais service. L'adulte qui a vécu l'amour en a l'expérience. Mais le jeune en face, qui n'en a aucune dans ce domaine, peut tout craindre de vos pratiques sexuelles ratées et se bloquera.

La découverte de leur sexualité ne sera équilibrée que si vous êtes clairs, précis et surtout si vous leur en expliquez le merveilleux mystère. Si vous dites que chaque rencontre cœur et corps avec votre conjoint a toujours été un petit événement dans votre vie, et non une routine s'apparentant à une masturbation améliorée, vous les aiderez à se préparer à ces mêmes rencontres.

Ils vous parleront de plaisir et de jouissance. Vous leur direz que faire l'amour est une chose tellement plus haute et plus belle ! L'éblouissement de ce moment-là réjouit Dieu parce qu'il est œuvre d'art, vertige et fulgurance.

Si vous ne leur parlez jamais en termes légers ou grivois, voire sales, du sexe, mais si vous leur affirmez que la rencontre du cœur et du corps est un des plus beaux moments de la vie, alors ils ont des chances de ne pas errer de copains en petites amies, et ils seront convaincus qu'attendre pour faire l'amour rendra leur rencontre, d'abord affective, belle et sûre.

Apprenez-leur à vivre une sexualité joyeuse, pleine d'amour, avec ce brin d'humour et de fantaisie qui rend ce moment radieux, parce que jamais englué dans la monotonie glacée d'un rite immuable.

Enfin, ne minimisez pas le choc de la rupture avec leur premier amour. Je connais un adolescent arrivé un soir tard chez lui, la mine défaite. Les parents mangent en regardant la télé. Ils ne savent pas lui répondre autre chose que : « Elle ne nous plaisait pas. De toute façon, une de perdue, dix de retrouvées. » Le temps de monter dans la chambre de son père, il se décharge dans la tempe la balle qui restait dans le revolver. Le reste de leur vie, ces parents ont regretté de n'avoir pas tout quitté pour lui dire : « Comme on te comprend ! On t'aime, tu sais. On est avec toi dans ce coup dur. » Cela seul aurait suffi.

Ne jamais aimer en vrac…

Combien de lettres de parents paumés qui ne comprennent rien au canard qui les bouscule dans leur couvée de poussins !

« On l'aime comme les autres. Mais il est si différent ! » « Il a toujours été spécial. On ne sait comment *réagir* avec lui. » « Très tôt, il a donné des signes qu'on n'a pas eu le temps de comprendre. »

Chaque personne est unique, avec sa part de mystère, son originalité, ses exigences particulières. Aimer en vrac ses enfants sans avoir cette attention qui les différencie, ce regard qui essaie de comprendre, cet amour qui s'adresse à chacun dans sa différence, peut provoquer à la longue tensions, déchirures. Et parfois des situations dramatiques.

Pour personnaliser, il faut avoir d'abord du temps, beaucoup de temps. Souvent l'enfant devient adolescent au moment où le père grimpe l'échelon social. Le père, de plus en plus pris, a de moins en moins le temps d'être présent dans le nid. Alors l'enfant qui pousse mal aura, comme seule interlocutrice, sa mère. Le besoin du père, souvent absent, précipitera l'ado dans sa dérive.

S'il est un choix que les parents ne font pas souvent, c'est bien celui de l'évolution de leur carrière par rapport aux problèmes que leur posent leurs enfants. J'ai le merveilleux souvenir de ce père de famille annonçant à ses enfants, pourtant petits, qu'il renonçait à une promotion importante qui l'empêcherait de leur donner le temps de présence dont ils avaient besoin. Les enfants n'ont pas très bien compris. J'ai vérifié combien, devenus adolescents, ils ont infiniment apprécié ce choix.

Mes parents m'ont toujours stupéfié par leur personnalisation. Quinze gosses si différents ! Et quel regard pour chacun de nous ! Nous avons été élevés comme des enfants uniques. Nous restons tous et toutes marqués par ce regard géant d'un homme et d'une femme sur chacun de nous.

Vous pouvez leur donner votre amour mais pas vos pensées,
Car ils ont leurs propres pensées.
Vous pouvez accueillir leurs corps mais pas leurs âmes,
Car leurs âmes habitent la maison de demain, que vous ne pouvez visiter, pas même dans vos rêves.
Vous pouvez vous efforcer d'être comme eux, mais ne tentez pas de les faire comme vous.
Car la vie ne va pas en arrière, ni ne s'attarde avec hier.

Khalil Gibran

Nathalie, l'enfant de mon amour

En regardant ses yeux pétillants de malice, éclairant une fine silhouette de fin d'enfance, je me souvenais avec attendrissement… Dix ans déjà que je l'avais déposée avec amour dans mon lit.

Nathalie n'était pas encore née, mais dormait dans le ventre de sa mère, quand Évelyne était venue me voir un soir.

« Je suis enceinte. J'ai été violée par plusieurs mecs. Je ne veux pas de ce môme. Ça a été trop affreux. S'il naît, je reverrai toujours sur son visage le moment épouvantable où trois types m'ont arraché le ventre. » Un silence, et puis : « Guy, j'ai pensé me faire avorter, mais tu ne serais sans doute pas d'accord. J'irai jusqu'au bout et je le donnerai.

– OK ! dis-je, je le prendrai… »

Six mois plus tard, j'entends sonner. C'était Évelyne qui me tendait dans ses langes Nathalie, née huit jours plus tôt. Je la posai délicatement dans mon lit et appelai aussitôt un couple ami.

Je connaissais bien Antoine et Gisèle. Ils ne pouvaient pas avoir d'enfant. C'était très dur pour eux. Aucun reproche au conjoint stérile. Mais ils s'enfermaient dans des élucubrations que je trouvais aberrantes, tout en admettant qu'ils avaient besoin de cacher leur détresse derrière des théories désespérantes.

« Tu comprends, dans ce siècle où une bombe peut tout détruire, avec la pollution actuelle, comment laisser un espoir de vie à des enfants... »

Au téléphone, je leur annonce que Nathalie est dans mon lit, que je n'ai ni le lait ni la tendresse d'une mère, que ma paternité est plutôt du genre viril face aux hordes de jeunes dont je m'occupe habituellement...

« On arrive tout de suite », fut la réponse.

Deux heures plus tard, Gisèle ravie, ses beaux yeux cachant mal des larmes de joie, emportait Nathalie, suivie de près par Antoine, attendri, inquiet, mais sachant bien que, dans les minutes présentes, une vie nouvelle allait faire sauter un certain nombre de théories fumeuses que leur solitude avait longuement bâties.

Revoir, dix ans après, Nathalie entourée de ses parents adoptifs rayonnants, était pour moi une joie inégalable.

Je veux être un combattant parfois offensif pour sauver la vie, toute vie. Je suis dans ce sens le père d'un certain nombre de gosses.

Je veux être un combattant qui refuse toute loi établissant que l'avortement, maintenant payé, peut être le remède à tous les maux de ceux qui n'ont qu'à puiser dans les caisses de l'État pour faire mourir, à bon marché, l'enfant de trop ou non désiré.

L'avortement, sauf dans le cas extrême de viol ou d'enfant légume à venir, reste une chose très grave. Tout doit être fait pour éviter le massacre d'un enfant. Le dialogue, l'écoute profonde de celles qui se sentent acculées à refuser et à tuer la vie, m'ont permis souvent de trouver une solution avec elles. Nathalie, l'enfant de mon amour, est une réponse… vivante. Elle a illuminé ma vie et celles de Gisèle et Antoine.

Et je ne cesse de répéter aux partisans inconditionnels du « non » à l'avortement : « Si vous n'avez pas les moyens de votre morale (appart' ou travail pour le couple perdu), alors allez vous faire foutre. » Beaucoup de chrétiens doivent se mettre en marche pour sauver la vie. Sinon, qu'ils la ferment.

L'amour au-delà de la mort

Mon Stanislas, mon chéri, mon amour,

Tu es de la race des anges.

De ceux qui ne sont qu'Amour,

Voici un an que tu nous as quittés, vers un pays inconnu de nous tous, nous qui sommes aveugles, vers ce pays qui s'appelle Amour !

Alors aujourd'hui, comme tu le fais depuis un an, continue à nous guider, mon Tinou : rends-nous forts ! Rends-nous purs ! Rends-nous beaux !

Mets ta main dans ma main, mon amour, et guide-moi sur ton chemin.

Mets tes yeux dans mes yeux, mon Stan, et apprends-moi l'Amour : le vrai, le seul, celui qui vient de Dieu.

Mon petit messager de l'Amour et de l'espoir, mon petit prince de lumière, tu as rempli nos vies magnifiquement, tu nous as comblés totalement et tu as fait des merveilles depuis ton départ : tu as sauvé et guéri ton papa. Tu as permis à ta maman de rester debout et forte, alors qu'elle croyait qu'elle ne pourrait le supporter, tu lui as appris à accepter ce qui était pourtant inacceptable.

J'accepte ta liberté, j'accepte ton sacrifice, si douloureux soit-il, parce que je t'aime avec passion, mon fils !

Tu es grand, mon chéri.

Fais-nous grandir, à ton tour, mon Stan, dans la foi et la charité, élève-nous, mon amour, vers ce qui est vrai.

Ne reviens pas vers nous, car nous venons à toi. Nous avons scellé notre amour pour l'Éternité !

Nous avons vaincu la mort, mon Tinou, RIEN RIEN *jamais plus ne nous séparera…*

Lettre d'une mère à son fils mort
dans un accident de voiture

La solidarité

Juste un peu de chaleur humaine

Quand j'ai vu, dans les premiers jours d'octobre, Louis arriver à la permanence, si frêle, si timide, je me suis demandé ce qu'il voulait. Il m'a tendu un billet griffonné. Un inconnu y avait seulement écrit mon adresse. Il s'est assis. Mes chiens sont venus respirer sa négritude avec tendresse et douceur. Vagabonde avait fait ses petits. Il lui en restait quatre. Louis les a tout de suite pris en charge. Le lendemain, un pigeon égaré sur notre fenêtre rejoignait séance tenante le zoo miniature où le petit Guadeloupéen multipliait pour chacun des soins aussi attentifs que malhabiles.

À treize ans, Louis avait traîné des mois dans

Paris, autour de Beaubourg. Ami des clochards, il dormait avec eux dans une cave, depuis que sa mère était partie dans un hôpital inconnu et que son père avait disparu dans la nature.

Louis, qui, quinze jours après son arrivée à la permanence, ne voulait plus nous lâcher d'une semelle, me rappelait Alain, poulbot algérien, trouvé une nuit dans les rues de Blida, exactement au même âge, il y a quarante-trois ans de ça. Quarante-trois ans que je rencontre et vis avec des mômes laissés à l'abandon. La loi chez nous, Européens, interdit de laisser des chiens errer plus de quelques jours. Rares sont les chiens qui dépassent une semaine d'errance dans Paris. Louis a vécu plusieurs mois, abandonné à lui-même, seul avec ses amis clochards. Il était déjà devenu un petit voyou, Louis ! Sa seule tare originelle était seulement la misère affective, l'abandon, à Paris, en octobre 1984…

Il ne demandait pas de fric. Je lui ai donné quelques sous par jour, comme je le fais pour tous. J'étais stupéfait, quinze jours après, de voir tout l'argent donné sortir de ses poches. Il n'avait pas dépensé un centime. C'était de l'affection qu'il voulait, compter pour quelqu'un, un contact humain, de la chaleur. Le reste lui importait peu.

Les petits pas de l'amour

Jamais on ne saura la puissance d'une rencontre, même rapide, avec celui ou celle qui passe le ventre vide, le cœur meurtri. Aimer, accueillir l'autre, c'est lui dire : « Tu es unique, irremplaçable. » On n'a pas à le lui dire. Il le saura d'instinct. Le regard, le geste d'accueil, l'écoute absolue, immédiate, toute affaire cessante, en sont les signes.

Il est terrible, ce mot laissé par un mec qui passait. Je l'ai gardé sur mon bureau : « Je t'avais pas vu depuis longtemps et j'étais très heureux de te revoir, Tu m'as dit d'attendre, après m'avoir serré la main sans même me regarder. Après un long moment d'attente, enfin, j'ai pu pénétrer dans ton antre. Tu m'as toujours pas regardé. Tu regardais ailleurs. Tu as lu une lettre, puis une deuxième. Tu as donné un coup de fil pendant que je te parlais et tu as répondu à deux autres. Je suis parti très vite. »

Inutile de vous dire qu'il a eu droit à un accueil princier quand il est revenu. Et il n'y a pas eu que lui. Sacrée leçon pour moi.

Enfanter à l'amour, c'est prendre le temps d'aimer d'abord. C'est vivre un silence intérieur très fort et très profond où l'autre se réfugiera tout de suite. Les vagues déferlantes, les tempêtes qui agitent les êtres que je rencontre ont besoin de lacs immensément calmes où se reposer, ne serait-ce que quelques instants. Toute rencontre doit être source d'amour. Mais il faut savoir qu'il n'y a rien de plus usant que l'accueil, quand on a voué sa vie à « rencontrer ».

Quand on croit que toute rencontre est source d'amour, alors on ne peut chaque matin que ressentir une grande joie. C'est aussi la tranquille assurance du soir quand on sait que malgré lassitude, manques, échecs, on a laissé toutes ses forces dans ces moments qui ne reviendront plus et qui sont l'enfantement à l'amour.

Je n'ai jamais fait de grands pas. Que des petits. Il n'y a pas de plus grande paix avant de s'endormir que d'être sûr que ce sont les petits pas de l'amour qui font avancer le monde. Ce sont les seuls qui nous seront comptés.

> *Aimer, c'est s'engager, c'est travailler, c'est être intéressé, c'est créer.*
>
> André Wertmuller

Éprouver les choses

Interrogeons-nous à nouveau, nous autres professionnels de la charité et du secours : aurons-nous aimé ? L'amour est une longue patience. On pense que l'on a aimé parce que l'on a fait des choses, passé du temps, renoncé à faire carrière ! Mais l'amour est bien autre chose.

Quelques repères nous disent cela.

La première étape de l'amour : il faut éprouver les choses dans son ventre, dans son cœur et dans son corps. C'est la compassion. Je dis que, tant que la misère des petits n'est pas entrée en nous, on n'a rien pigé. Nous devons ressentir ce qu'ils vivent. Ne passons pas au-dessus des pauvres, des exclus ou des mendiants de nos rues. Cette proximité de la pauvreté doit nous habiter. Et que le pauvre nous appauvrisse dans le meilleur ! C'est cela, aimer le plus pauvre. Parce que donner et se casser sans même regarder la couleur des yeux de celui qui nous tend la main, ce n'est pas donner. Jeter deux euros et continuer son chemin, autant donner à un parcmètre.

Chacun est unique

La deuxième étape de l'amour est d'appeler les gens par leur nom. Nous avons des distinctions : Madame, Monsieur, Maître, Docteur, Professeur, Votre Altesse… et j'en passe. Les pauvres, les exclus, les détenus, les loubards n'ont pas de titre, ils n'ont que leur prénom ou leur surnom. À chaque mec ou chaque gonzesse qui m'interpelle et me pose une question, je demande toujours : « Quel est ton prénom ? » Je le fais même s'il s'agit d'un dinosaure de quatre-vingts balais !

Appeler quelqu'un par son prénom lui montre que vous le considérez comme unique, comme irremplaçable.

Une goutte d'eau

La troisième étape de l'amour, c'est faire le peu qui est en notre pouvoir, mais le faire à fond. Mettre en œuvre ce que l'on peut et mener la politique de la goutte d'eau. Tant de fois des gens ont tenté de me démoraliser en me disant que la ferme de Provence n'était rien devant l'immensité des malheurs de la jeunesse du monde. Je réponds toujours que ce n'est rien, mais que c'est tout en même temps, parce que, si mes vingt équipiers et moi faisons quelque chose, cela peut donner un élan formidable à d'autres ! Si Faucon est une goutte d'eau dans l'océan de la détresse, l'océan n'est fait que de gouttes d'eau.

On m'a demandé de construire vingt bergeries comme Faucon. J'ai toujours refusé. J'aurais été obligé d'acheter un hélicoptère blanc comme celui du pape pour jeter des dollars sur chaque ferme. Je créerais cent bergeries de Faucon et je deviendrais le

Charles de Gaulle de la délinquance. Je m'occuperais de jeunes sans en connaître aucun.

C'est impossible pour moi parce que je veux amener chacun au bout de la route. Aller jusqu'au bout avec de petites équipes, c'est la politique de la goutte d'eau. J'en ai assez des analyses de ceux qui sans cesse attaquent les responsables au pouvoir. Si vous leur demandez : « Et toi, et toi, tu fais quoi pour changer quelque chose ? Tu peux bien attaquer Nicolas et les autres, mais qu'est-ce que tu fiches, toi, là où tu es ? »

> *Il est bon d'avoir à soi quelque chose pour le donner.*
> Paul Claudel

Pardonner et demander pardon

La quatrième étape de l'amour est : « Aimer, c'est pardonner. » Nous devons pardonner soixante-dix-sept fois sept fois, demande l'Évangile. Au lieu d'aller chercher des poux chez l'autre, essayons de regarder notre connerie et soyons aptes à demander pardon. On peut tuer d'un regard, on peut tuer en disant : « Tu ne changeras jamais. » Pardonner, c'est faire confiance. Dire au pire des criminels qu'on l'aime… Marteler que « tout être est toujours plus grand que ses fautes » est essentiel pour oxygéner le monde.

Il faut pour cela faire un sacré chemin spirituel.

Savoir durer

La cinquième étape est : « Aimer, c'est durer. » Tant de fois on m'a dit : « Vous savez, j'ai aidé des gens, mais maintenant je n'en peux plus. On m'a baisé la gueule, je suis las. » Ceux qui ont aidé des gens pour obtenir de la reconnaissance, ils attendront longtemps, je peux vous le dire. Aimer, c'est durer. La vertu principale de l'amour est d'aimer gratuitement. Le moyen, c'est essentiellement le compagnonnage. Que ce soit à deux dans un couple ou à plusieurs dans une équipe. Je répète inlassablement que sans mes équipiers je suis fichu. Vouloir faire le bien seul, on peut. Mais avec des jeunes délinquants, c'est suicidaire. À plusieurs, c'est tellement plus chouette, et on a un meilleur discernement. Sans mon équipe, tant de choses n'auraient jamais été réalisées. Des approches et des regards différents sont indispensables.

Savourer la joie

Sixième étape de l'amour : « Aimer, c'est prendre son plaisir. » Une sœur m'avait dit, alors que j'étais au petit séminaire : « J'aime les autres. Mais que les autres ne m'aiment pas, cela m'indiffère. » Je pensais que ce n'était pas normal. Elle aimait : ça, je comprenais. Mais n'avait-elle pas besoin d'être aimée comme tout le monde ?

Un mec me demande un jour : « Pourquoi tu m'aimes ? » Il m'avait tellement importuné ! Je lui réponds : « Écoute, je t'aime. T'es une ordure et tu m'as vraiment baisé la gueule. Si Dieu n'existait pas, il y a longtemps que je t'aurais dit de dégager et de ne plus respirer mon oxygène à moins d'un kilomètre de moi. C'est grâce à Dieu que je t'aime malgré tout. »

Réponse : « J'aime pas être aimé par personne interposée ! »

Pour lui cela voulait dire que Dieu n'avait rien à faire là-dedans. Alors que pour moi, sans Dieu qui est amour, il ne nous serait pas permis de durer. Il ne s'agit pas d'aimer par pitié ou par devoir. Rien n'est pire. J'aime parce que Dieu m'a demandé d'aimer. J'essaie d'aimer gratuitement, car c'est ça l'amour pur et vrai.

Acceptons le plaisir de la réussite et de la joie satisfaite. Quand un de mes mecs s'en sort, je me dis : « Il m'en a fait baver, ce mec », mais quelle joie de savoir qu'on a permis à quelqu'un de se libérer ! Acceptons le plaisir de réussir et la joie qui nous tombe dessus.

> *Il n'y a pas d'enthousiasme sans sagesse, ni de sagesse sans générosité.*
>
> Paul Éluard

Savons-nous accueillir ?

Nous sommes tous des voyageurs.

Quand je passe dans le dix-neuvième arrondissement de Paris, je vois à quoi ressemble notre pays d'accueil. Il y a une permanence où les sans-papiers doivent se présenter. Elle ouvre à huit heures du matin. La veille, à dix-neuf heures, par tous les temps, été comme hiver, ils sont là. Il n'y a rien pour les abriter. Deux cents personnes passent la nuit sous la pluie, sous des morceaux de carton, emmitouflés dans de mauvais manteaux. Ils arrivent d'Afrique ou d'ailleurs, ils doivent penser de belles choses sur notre chaleureux accueil.

Qu'il soit d'Afrique ou se présente sous les traits de votre vieille cousine qui vous importune chaque fois qu'elle vient vous voir, l'étranger est un don, une chance pour nous. L'étranger peut être votre femme, votre mari ou votre gosse, à qui vous avez pris l'horrible habitude de dire : « Tu ne changeras jamais. » L'étranger est peut-être dans votre maison.

L'étranger est une grâce

Arrivé dans l'avion déjà bondé, avec Cellem, un jeune Algérien qui prenait son baptême de l'air, j'essaie d'avoir une place pour lui près du hublot. L'homme à qui je demande aimablement de se déplacer refuse. Le steward intervient à son tour : « Jamais pour un Arabe », rétorque l'homme.

Je n'entends pas cette phrase. Cellem l'entend, lui, et l'avale… mal.

L'avion décolle. Le steward vient offrir gracieusement le champagne à Cellem et à moi-même. En prime, il va demander au commandant de bord l'autorisation pour ce jeune Algérien de visiter la cabine de pilotage.

Merveilleuse réponse aux paroles blessantes du passager !

Élément déterminant : il faut d'abord apprivoiser notre peur de l'autre. Un jour, dans une cour de récréation, je faisais remarquer à un petit Blanc que son copain était noir. Il m'a répondu qu'il ne s'en était pas aperçu. Le petit n'avait pas prêté attention à la couleur de peau de son camarade. Nous, adultes, voyons qu'une personne est noire. Bien sûr, ce n'est pas pour autant que nous sommes racistes, mais je souligne que les mômes n'ont pas le même regard que nous. Quand je croise des gens colorés, je m'adresse à eux en disant : « Tu es camerounais, tu viens du Bangladesh, tu es congolaise. » Ils sont ravis que je reconnaisse parfois leur origine. La plupart d'entre nous les distinguons assez mal. Je reconnais très vite un Kabyle d'un Tunisien parce que je connais bien le monde maghrébin. Pour la majorité d'entre nous, tous les Chinois se ressemblent, tous les Vietnamiens ont la même tête. Mais une infinité d'ethnies composent les peuples. Reconnaître un faciès m'a toujours passionné. Les prénoms donnent aussi une information sur l'origine d'un individu. Je devine facilement une consonance typiquement marocaine ou berbère. La personne est heureuse d'être reconnue par son origine, sa nationalité.

Plus que jamais au milieu des vagues actuelles faites d'exclusion, de repli, les voiles multiples de ceux et celles qui croient à la fraternité doivent se déployer vers le grand large de la rencontre avec tous ceux et celles qui refusent rejet et racisme sous toutes ses formes. En profondeur, je crois que le peuple français n'est pas raciste. Seuls, une politique d'immigration cohérente et humaine, des groupes qui s'organisent pour dénoncer la peur et les multiples gestes quotidiens pour reconnaître et accepter nos différences pourront nous faire comprendre ce que la Bible proclame avec justesse :

« L'étranger est une grâce pour nous. »

Je salue les défenseurs des sans papiers qui vont même au commissariat pour affirmer qu'ils les aident, ce qui peut les amener à être poursuivis. Bienheureux sont ces kamikazes.

Aimer ses ennemis, est-ce possible ?

Il m'a écrit ceci du fond de sa cellule : « Je suis inculpé de complicité de meurtre. Je suis innocent. Malheureusement, mon meilleur copain m'a mouillé dans son affaire parce que, justement, je ne voulais pas y participer. Il est devenu mon ennemi. Selon ma foi de chrétien, je dois l'aimer ! Est-ce possible ? »

Je vais tenter de te répondre, Jean !

Je me suis fait agresser, un jour, par un mec qui, voulant m'escroquer, n'a pas supporté que je lui dise non. C'est en regardant dans la glace mon visage meurtri que j'ai appris à l'aimer. Ça n'a pas été évident les premiers jours. J'y arrive mieux maintenant.

Quand j'ai appris par un surveillant (qui en a été le témoin) qu'un jeune mineur en prison, après avoir craché à la figure d'un maton qui l'avait malmené, a été conduit au mitard, bourré de coups, ses vêtements arrachés, jeté nu dans un cachot, des bouffées de haine m'ont assailli. Il m'a fallu m'accrocher à mon bréviaire, le soir, pour demander au Seigneur que cette haine cesse en moi.

J'ai mis un temps fou à ne plus haïr l'inspecteur de police qui avait tenté de me faire passer pour un indicateur afin que mes loubards me butent.

Quand je vois le tiers monde affamé et les fortunes capitalistes qui se bâtissent sur cette faim, j'ai envie de massacrer chaque tyran. Seuls, la prière et mon combat de tous les jours me permettent d'espérer, d'avancer « sans haine, sans armes et sans violence ».

Reste, intacte, ma haine du capitalisme dans ce qu'il porte de tyrannique et d'écrasant, sous les couleurs falsifiées de la liberté.

Voilà, Jean, quelques réponses.

Notre vocation est celle de l'amour et du pardon. Dans ma mission, c'est au milieu des cris de haine et de désespoir, et nulle part ailleurs, que je dois la vivre… comme toi face à ton copain.

Aimer ses ennemis… c'est une des plus belles aventures (et des plus difficiles) qui soient.

Aime-toi toi-même

Nous naissons avec certains dons. Les parents savent repérer le caractère défini de l'enfant qui naît. Un petit peut refuser très tôt de partager ses jouets. Un autre, plus généreux, les donnera tous. Untel est très mélomane. Voyez celui-là dans la salle à manger faire toutes sortes de cabrioles : il est doué pour la gymnastique. Ce sont des capacités innées.

Nous savons mal quels dons extraordinaires nous possédons. Si nous les connaissions, nos vies seraient différentes. Il y a tant de dons cachés et tant de vies manquées : des vies où le don principal ne s'est pas dégagé.

Nous avons tendance à croire que tout est joué à partir du moment où nous sommes entrés dans l'âge adulte. Même à quatre-vingts ans nous avons encore la capacité de changer. Nous avons des ombres et des lumières, des lacunes et des dérives, à cause de notre sacré caractère, à cause de notre putain de tempérament. Nous avons donc à nous farcir ce paquet d'obstacles-là quand nous voulons nous améliorer, ou lorsque les autres nous demandent de changer. Peut-on se changer ? Il y a des conditions pour réussir notre changement. Le premier élément capital pour nous changer est le regard de l'autre sur nous : un regard d'amour, de miséricorde, de force, de confiance, de discernement…

Le regard d'autrui et l'amour de soi.

Trouver sa voie

Tout aussi capital que le regard de l'autre, l'amour de soi-même est indispensable si nous voulons nous changer. Je pense que l'on peut y arriver.

On peut trouver sa voie, ses idéaux à n'importe quel âge. C'est à treize ans que j'ai décidé d'être prêtre. Ce choix me fait cheminer encore, à soixante-treize ans, avec autant d'entrain et de joie qu'au début. Ne méprisez surtout pas ce que disent vos enfants. Au début, ils veulent tous être flics, pompiers, aviateurs, rarement curés. N'oubliez jamais que leurs idées sont plus sérieuses qu'il n'y paraît. À la ferme de Provence, je me souviens que, lorsque

Thomas est arrivé, il marchait à quatre pattes à cause de son pied bot. Il était insupportable, mais passait son temps à regarder les pierres. Il avait un don pour les pierres, les observait, les collectait, les triait et les amassait dans les quatre coins de sa piaule. Il n'est pas devenu géologue. Mais son attrait pour les pierres nous assurait des accalmies, malgré un tempérament particulièrement difficile.

Je prends l'exemple d'un P-DG. Il brasse des affaires et des millions. Il embauche des collaborateurs performants, il garde les moins chiants, il licencie les moins bons. Insensible et intransigeant, il fait marcher son business. Et d'un seul coup, il s'aperçoit qu'il est le dernier des cons : « Cette performance de merde, où m'amène-t-elle ? » Le type découvre que sa vie n'a pas de sens à ses yeux.

Lorsqu'un événement accidentel arrive, on peut changer brutalement, radicalement. Un accident, une maladie peut modifier complètement le cours d'une vie. En bien comme en mal.

Être vrai

Souvent notre problème est de répondre oui alors que nous pensons non. C'est une de nos déchirures intérieures. Nous ne savons pas dire non. C'est frustrant et particulièrement dévalorisant. Ce type d'hésitation, le fait de dire le contraire de ce que l'on pense lors d'une décision, mène pourtant à une impasse.

Cela provoque en nous un décrochage, un décalage constant, qui peut finir par nous désarticuler. Un oui ou un non ferme voulu et consenti, net, nous fait goûter le fruit de l'esprit qu'est la joie. C'est exercer le discernement.

Dans mon métier, apprendre à des jeunes à savoir dire non est l'école de l'humilité, de la vérité et de la charité.

Lorsque nous ne pactisons pas avec l'autre pour lui faire plaisir, nous apprenons aussi à l'aimer et à l'écouter. Une relation authentique devient possible. Si nous disons oui alors que nous pensons non, nous finissons par ébranler nos relations. Dans ce cas, l'autre doit deviner ce que nous pensons, et ce n'est pas évident. C'est une tâche ardue.

Cette maladie de la communication, dire le contraire de ce qu'on pense, résulte d'une mauvaise estime de soi. Nous voulons éviter tout désaccord parce que cela risque de nous faire entrer en lutte. Nous n'osons pas donner une opinion différente. Vous savez que cela arrive facilement dans les conversations. Des choses nous heurtent et, par respect pour l'autre, nous n'osons pas dire que nous pensons différemment. C'est une très mauvaise forme de respect. C'est une recherche mal placée de l'approbation de l'autre.

Savoir dire non relève d'une recherche de la confiance en soi. S'accueillir, s'aimer soi-même permet une grande vérité personnelle, cela permet de façon nette et précise d'exprimer un non.

Pour beaucoup d'entre nous, dire non revient à ne pas être poli. C'est comme ne pas être charitable. C'est risquer d'être mal jugé, souvent. Nous avons peur d'être rejeté, alors nous disons ou nous laissons dire le contraire de ce que nous pensons. Savoir dire non, ou émettre son avis avec fermeté et délicatesse, provoque une relation authentique et gratifiante avec notre entourage. On ne blesse pas l'autre, on s'affirme.

Le silence et la bienveillance

Ma retraite en forêt tous les dix jours est un moment de silence sans lequel je suis foutu. C'est là que je sens que je change. Je me change. C'est là que je vois les scories, loin de la ville. Au milieu des arbres, loin de la violence et du bruit, loin de la turpitude et de la pollution, je sens mes muscles qui bougent quand je grimpe dans les arbres, mon sport préféré. Le silence permet l'introspection, un retour sur soi vital. Une des pires choses qui nous atteignent est le refus de ce silence. C'est une lacune fondamentale de notre temps. Le silence a cette vertu inestimable : nous changer en nous donnant la vision claire de notre vie.

Saint Augustin dit : « Dieu est au-dedans de moi. Moi, je suis souvent en dehors de moi-même. » On se change de façon radicale par l'humilité – parce que si l'on pisse plus haut qu'on a le zizi, c'est certain, on ne changera pas. Le silence, se connaître soi-même par l'introspection, par l'écoute de l'autre, est déterminant pour se changer.

Si nous pouvions avoir une bienveillance de réserve au lieu d'une malveillance toujours au bord des lèvres, nous pourrions changer l'univers. Notre nature nous pousse à critiquer, enfoncer, chercher toujours la petite bête chez l'autre. Garder un *a priori* favorable, se critiquer soi-même, voilà des facteurs de paix qui soulèvent des montagnes, détruisent les barrières et changent un être pour le meilleur. Alors, au boulot !

Et Dieu dans tout ça ?

Hasard ou création de Dieu ?

Nous butons sans cesse sur cette interrogation, je le perçois à travers les multiples interpellations des gens qui de plus en plus souvent nient la création de Dieu, de l'homme et de la nature.

L'homme contemporain nie, mais son inquiétude est déjà une réponse. L'astrophysicien Hubert Reeves, athée, répondait à la question qui lui était posée sur l'origine de la création par cette phrase : « Lorsque j'écoute Mozart, je ne peux pas imaginer que cette musique soit le fruit du hasard. »

J'étais un jour en compagnie d'un chercheur spécialiste en biologie humaine. Il me disait que l'homme ne descend ni des chimpanzés, ni des guenons, ni des zébus. Sa théorie est que nous descendons des races marines. Selon lui, nous venons de la mer. Je l'écoutais avec passion. « Donc, les humains descendent des baleines, des dauphins et des morues », pensais-je. Il continuait alors qu'au restaurant j'étais justement en train de manger une sole meunière. Son argument était si convaincant qu'ayant fini mon plat, j'étais persuadé d'avoir dévoré mon arrière-grand-mère ! Il en savait tant que je lui ai demandé : « Mais alors, qui a fabriqué l'amour ? Qui a fait ce sentiment extraordinaire ? Qui a inventé cette force qui nous pousse à chercher l'amour, de la sortie du ventre de notre mère jusqu'au dernier jour de notre vie ? » Le mec n'a rien répondu. Il m'a seulement dit qu'un jour on trouvera la solution.

Personnellement je suis convaincu que nous ne la trouverons jamais, parce que ce sentiment supérieur qui nous atteint tous, croyants ou non-croyants, restera un mystère.

Il s'agit du mystère de Dieu. Il a créé l'amour avant toute chose puisque pour nous, chrétiens, le principe premier tient dans ces trois mots de saint Jean : « Dieu est Amour. »

Ces trois mots, découverts à treize ans au séminaire, m'ont vrillé le cœur. Parce que je les ai crus.

Vraiment. Ils m'ont fait marcher et courir inlassablement, ces trois mots, depuis soixante ans. Sans eux, j'aurais tout quitté depuis longtemps. C'est une force d'amour expérimentée, méditée et que j'ai tenté de pratiquer jour après jour. C'est la jeunesse de tous mes matins. C'est la paix du soir avant de dormir que de dire : « Seigneur je T'aime. » Quand je fais des conférences devant une salle pleine, je me souviens toujours du galopin que j'étais, courant dans la forêt, qui criait aux arbres que « Dieu était amour », comme s'il s'adressait à des humains. Merveilleuse prescience.

Chacun chante la création à sa façon

Chaque croyant, du moins monothéiste, donne à Dieu le titre de créateur du ciel et de la terre. C'est absolument évident pour nous, chrétiens. Nous nous émerveillons de toutes les saisons : de la beauté du printemps, renaissance de la vie ; de l'été somptueux, puissance de la nature qui éclate partout ; de l'automne qui nous offre ses superbes couleurs ; et de l'hiver aride qui masque et fige les végétaux. Les quatre saisons sont un enchantement. Un des plus grands moments de méditation est de contempler la nature.

Je vais dans la forêt de Fontainebleau et je vois naître les bruyères, voler les oiseaux. Un jour, en entendant le coucou, je me disais : « J'aimerais tellement le voir ! » Et par un hasard ou un signe de Dieu, le coucou s'est perché juste sur l'arbre au pied duquel j'étais assis. Et sa femelle l'a rejoint. C'était tout à fait étonnant. J'entendais cet hymne extraordinaire à la création chanté par le coucou. C'est un des oiseaux que j'aime le plus.

L'athée s'émerveillant devant un coucher de soleil ou un paysage splendide se révèle un immense croyant, mais aborde quelque chose qu'il ne peut pas nommer. J'estime que la prière d'un athée, cette contemplation devant la nature, est aussi forte que la prière d'un croyant. Le croyant montera directement vers Dieu alors que l'athée reste simplement fasciné par le spectacle. Sa prière est aussi authentique que la mienne. La nature nous amène à une indicible transcendance.

> *C'est le cœur qui sent Dieu, et non la raison.*
>
> Blaise Pascal

Un accro de Dieu

Il m'avait demandé un rendez-vous urgent. Alors je m'imaginais qu'il était dans la merde : besoin d'argent, couple en déroute, affaires avec la justice…

Ma longue expérience vécue, dès l'apparition subite d'un vieux loubard, me programme plutôt pour une demande pressante ou du fric.

Il entre dans mon bureau. Et il attaque : « Guy, parle-moi de l'Amour de Dieu. » C'était une première. Tellement inattendue que j'ai failli avaler mes deux dentiers. Sublime moment. Jean-Marc est un accro de Dieu. Après une vie de déroute remontant à la prime enfance, il a rencontré Dieu à travers des couples chrétiens et un prêtre.

Saisi, il n'a de cesse de vivre cet Amour qui lui est tombé sur la gueule. Loubard, il l'est resté dans le meilleur. Taxi, il a emmené combien de fois gratuitement des jeunes, prêts à n'importe quel mauvais coup, dans les banlieues lointaines. Par contre, quand des Américains, pleins aux as et soûls, lui demandaient de visiter Paris, il leur faisait faire quatre fois le tour du périphérique. Bonjour, la facture !

Par cette rencontre il m'a appris, Jean-Marc, que si je n'ai pas, chevillé à l'âme et au corps, l'Amour de Dieu à respirer, à méditer, à vivre, mes journées ne sont faites que de rendez-vous utiles, de dialogues fructueux, de rencontres intéressantes, de sauvetages indispensables… sans plus.

Combien de nos prêches, de nos liturgies, de nos pastorales, de nos catéchèses sont loin de l'Amour de Dieu !

Hommes de Dieu, on brasse vite sans s'en rendre compte de multiples affaires d'Église, avec jargon et phraséologie où l'Amour de Dieu n'a qu'une place d'accessoire. Alors qu'il est l'essentiel de chaque seconde à vivre. Il m'est pratiquement impossible de parler à mes jeunes de l'Amour de Dieu. Ce serait placage et prosélytisme. Voire agression.

Par contre, cette chaleur de l'Amour qui m'envahit à l'aurore (enfin, vers midi), à mon réveil, si elle est demande urgente à Dieu de révéler par ma vie cet Amour qui me brûle, alors je peux foncer dans la mêlée.

Le Cœur de Dieu ne me quittera pas. Je le Lui ai demandé. Il ne peut faire autrement que de me le donner.

Je T'attends

« Dieu est Amour. » Ces trois mots m'ont toujours réchauffé. Ils me disent que cet amour que je vis sur terre et donne à des êtres blessés est tellement hors du temps qu'il dépasse la vie charnelle.

Si je crois à quelque chose de prodigieux après la mort, c'est bien à l'Amour que j'y trouverai. Si Dieu nous donne cette sensation de l'amour sur terre, c'est pour nous préparer à cet Amour infini. J'ai la conviction absolue que la mort est le paradis de l'Amour. La terre est l'antichambre de l'Amour. Je n'ai pas perdu, me semble-t-il, une virgule de cette pensée depuis quarante-trois ans. Si je la perdais, je perdrais tout.

Souvent, quand je vois des paysages splendides, je me dis que ce sera infiniment plus beau là-haut. Ici, je n'ai que les yeux de la terre, je n'ai que les oreilles de la terre, je n'ai que les pieds de la terre, mais là-haut, les choses seront tellement plus belles.

La mort m'apparaît comme une rencontre sublime et que j'attends, pas du tout avec impatience, mais quand elle voudra… Ce que j'aimerais, c'est la voir venir. Oui. Et pas trop souffrir, non… quand même. Mais la voir venir et pouvoir dire à Dieu, en sentant qu'elle est proche : « Je T'attends ! »

Je suis certain que de Son côté, c'est un merveilleux « Je t'attendais » que j'entendrai.

L'être d'amour qui a mis dans le cœur de plus de six milliards d'humains ce désir d'aimer et d'être aimé serait le dernier des pourris s'il nous ôtait au moment de notre mort ce qui nous a fait vivre sur terre. C'est ma conviction absolue.

C'est pour cela que je chante l'amour sans peur de sa fin, sans crainte qu'il soit enterré avec mon cadavre.

La résurrection est ma seule issue, c'est une joie qui ne me quitte jamais.

Mes amours

Le célibat, une histoire d'amour

Pour les jeunes de la rue avec lesquels je vis, mon célibat pose, dans les premiers mois, une question cruciale.

« C'est pas possible que tu ne fasses pas l'amour ! »

« Ça te prend pas la tête ? »

« C'est dangereux. »

« T'es pas normal ! »

Et j'en passe, pour ne pas effaroucher les oreilles délicates.

Je ne bronche pas, d'abord. Mais si la vulgarité se mêle aux questions habituelles, je coupe court brutalement :

« Si je t'avais dit tout à l'heure que la fille que tu aimes, c'est de la connerie, tu m'aurais sauté à la gorge. Alors, tais-toi. Parce que j'aime, Dieu et l'Église, c'est tout pour moi. Tu peux pas comprendre, OK… Mais c'est comme ça. Je te demande seulement de respecter ce que je vis. »

Une fois, j'allais le faire, lorsqu'un des anciens m'a devancé en disant de façon plus brève au jeune qui en termes blessants contestait et salissait mon célibat : « Écoute, mon pote. Le célibat de Guy est une histoire d'amour. Ça ne se piétine pas, ça ! Arrête ou je te casse la tête. »

On en est restés là, bien sûr.

Une extraordinaire aventure

Je me souviens du 3 juillet 1965, tout tremblant et éperdu de joie, entre les mains de l'évêque de La Rochelle qui m'ordonnait pour le service de l'Église l'Algérie. Il me demandait : « Guy, est-ce que tu promets de donner toute ta vie au service de Dieu, au service de l'Amour, au service des autres ? » Je répondis en latin : « *Promitto.* » Je m'en souviens comme si c'était hier.

Je me souviens aussi d'une cérémonie extraordinaire en 1949. J'avais quatorze ans et j'assistais pour la première fois à une ordination. Je viens de revivre ce moment inoubliable, soixante ans après, en mai dernier dans l'église de Saint-Jean d'Angély. Sans savoir si je serais prêtre un jour, ni quel type de prêtre je serais, tout gosse, je rêvais d'offrir tout à l'Amour. J'ai pu, six décades après, dans cette église, voir mon rêve réalisé. Une joie intense m'a saisi au moment où je faisais descendre l'Amour dans mes mains d'argile.

Je ne peux pas être plus heureux qu'aujourd'hui. J'étais fait pour recevoir l'amour, mais surtout pour le donner, pour que jour après jour je puisse dire durant toute ma vie : « Seigneur, je vais donner l'amour. » Que je sois en Provence, dans la rue avec mes jeunes ou sur un plateau de télévision, je fais toujours la même prière le matin : « Donne-moi la force de donner l'amour, de le transmettre. »

J'ai le bonheur de vivre ce moment incomparable, cet instant merveilleux, le plus beau de ma vie depuis quarante-trois ans : faire descendre, dans mes mains nues, l'Amour. J'ai cultivé cette grâce. Jamais je ne m'y suis habitué. C'est un émerveillement chaque fois renouvelé pour moi de pouvoir prononcer à la place du Christ : « Ceci est mon corps, ceci est mon sang, faites ceci en mémoire de moi. » Quel immense moment ! C'est le moment de la Passion et de la Résurrection.

En juillet 1965, je ne savais pas encore l'extraordinaire aventure à laquelle le Seigneur me destinait.

J'ignorais que j'irais vers les plus pauvres et les plus petits. Je ne savais pas encore que je serais un amoureux fou de l'Église. J'aime l'Église qui m'a offert ce ministère et qui m'a permis, par l'évêque qui m'a consacré, de faire descendre l'Amour pour les autres.

Chaque année, dans la cathédrale de Paris, je me rappelle ce moment unique lorsque j'assiste à l'ordination de jeunes prêtres. C'est un des plus grands moments de l'année parce que c'est la relève. C'est aussi me souvenir que j'ai été choisi. Je ne passe pas une journée sans en remercier Dieu.

> *Aimer, c'est trouver sa richesse hors de soi.*
>
> Alain

Pauvre de moi…

Pauvre de moi qui pense que tout contraceptif ne peut que détériorer l'acte merveilleux d'amour, et qui supplie le jeune atteint de sida de se munir d'un préservatif quand, malgré sa maladie, il ne peut s'empêcher de faire l'amour au risque de contaminer sa partenaire !

Pauvre de moi qui bénis discrètement (sans jamais les marier) ce couple de divorcés qui traîne sa déroute et pas toujours son péché (si l'autre, ayant été infidèle, l'a condamné au divorce), et qui croit à la beauté resplendissante des liens sacrés du mariage et de la fidélité qui en est l'atout maître !

Pauvre de moi qui entends les confidences de l'homosexuel(le) m'affirmant que sa sexualité est une croix mais qu'il ne peut être autre, et qui m'entends lui dire : « Reste au moins fidèle à l'être que tu aimes. Ne gaspille pas l'amour tronqué que tu vis dans de multiples aventures. » Et je le bénis.

Pauvre de moi qui, parfois, envoie en pleine gueule mon poing évangélique quand aucun autre dialogue n'est possible (la force étant le seul remède du moment) alors que je suis un doux, épris de non-violence.

Pauvre de moi qui, lorsqu'une fille violée et enceinte ne veut absolument pas voir naître le fruit d'étreintes violentes et sordides, reste à ses côtés sans rien pouvoir lui dire d'autre que : « Je pouvais faire élever ton enfant, mais puisque tu veux supprimer cette vie qui dort en toi, sache que je ne te condamne pas, devinant les mois de martyre que tu ne veux ni ne peux subir. » Et je le bénis.

Pauvre de moi, qui ai une morale incomparable dans mon berceau chrétien, et qui n'ai pas toujours les moyens de la faire vivre à ceux et à celles dont je partage la vie.

Pauvre de moi, vivant au jour le jour avec ce peuple de jeunes de la rue, déchirés, portant avec eux leurs croix, autant que possible, mais ne pouvant parfois que me taire et prier.

Pauvre de moi, écartelé entre la richesse de l'éthique prodigieuse que l'Église véhicule et défend à contre-courant et l'homme de tous les terrains de la misère humaine que je suis, souffrant de tant de manques, de si peu de barrières morales, de vide spirituel, dans le milieu où je vis.

Ma seule richesse est de ne jamais perdre de vue cette barre si haute qui étincelle au-dessus de ma tête.

Ma seule inquiétude serait de ne plus la voir.

Ma seule détresse serait de subir, de ne plus voir où est le mal, d'accepter sans rien dire, de me laisser porter par l'amoralité ou l'immoralité ambiantes.

Si mon seul gyrophare est Dieu !

Si ma seule boussole est l'Évangile !

Si mon seul guide est la Parole de l'Église dans ce qu'elle porte de transfigurant,

… alors je sais que ma pauvreté sera richesse.

Il n'y a qu'un remède à l'amour : aimer davantage.

Henry David Thoreau

Jusqu'au bout de mon rêve

Crossman depuis quarante ans, j'ai la passion de la marche et de la course à pied. En pleine nature. Dans le silence des forêts, de préférence. Dans celles, de chênes-liège, d'Algérie. Dans celles, gigantesques, du Québec. Dans celle de Fontainebleau que je préfère à toutes. Et c'est toujours la même vision qui me revient, depuis l'âge de treize ans où j'ai commencé à marquer de mes foulées les sentiers forestiers. Je parlais aux arbres et je chantais l'amour. Je rêvais de crier l'amour partout, fasciné que j'étais (et je le suis toujours) par les trois mots de saint Jean : « Dieu est Amour. »

J'ai fêté mes quarante-trois ans de sacerdoce. Qu'ai-je tenté de faire depuis tout ce temps, si ce n'est de vivre mon rêve ?

Le premier regard d'un jeune, perdu sur les trottoirs de ma paroisse, dès les premiers mois de mon sacerdoce, m'a permis de découvrir le chemin où Dieu m'appelait. Insensiblement, ce chemin m'a fait passer de la chaire à la rue.

À chaque regard meurtri, abîmé que je rencontre, c'est toujours le même appel à apporter l'amour qui a manqué ou qui a été trahi, détruit.

Je ne savais pas que c'était si dur et si beau de combattre aux côtés de ceux qui, sans amour, croient qu'ils ne sont rien, n'ont pas de passé et ne se voient pas d'avenir.

Je ne savais pas non plus que tant d'êtres peuvent en manquer à ce point, pour se balancer dans la mort après avoir rencontré le vide quand ils ont balbutié, ou crié, ou hurlé que c'était l'amour, et seulement l'amour, qu'ils cherchaient.

Dans chaque salle, chaque église, où l'on me demande de témoigner de l'amour, revient mon rêve d'adolescent, aussi neuf, aussi beau, aussi fort que lorsque je commençais à fouler les sentiers des forêts de mon enfance. Les mille regards qui me fixent sont des regards de vivants qui cherchent des réponses à leur mal-être, à leur soif de compter pour quelqu'un. Et leur désir d'un monde plus aimant me réchauffe.

Je ne savais pas que c'était si beau et si dur d'aller jusqu'au bout de son rêve.

Dieu est le premier Amour de ma vie depuis l'âge de treize ans.

Comme m'a dit un mec en taule : « Tu as eu des milliers d'amours, depuis… Nous. »

Récapitulatif des conseils

- Commencez par vous aimer vous-même.
- Aimer, c'est d'abord éprouver vraiment les choses à l'intérieur de soi.
- Chaque jour, aimez à tout casser pendant vingt-quatre heures.
- Pimentez vos journées de petits gestes d'amour : un seul geste d'amour grandit l'humanité tout entière.
- Vos vraies racines, c'est l'amour : préservez-les, c'est ce que vous avez de plus précieux.
- Dites « Je t'aime » le plus souvent possible.
- Aimons mieux maintenant, ne perdons aucune minute pour aimer.
- Préparez-vous à l'amour, ce sera la plus belle aventure de votre vie.

• Avant de connaître le sexe de l'autre, essayez de connaître son cœur.

• Préparez-vous à ne jamais totalement percer le mystère qu'est l'autre.

• N'hésitez pas devant l'aventure de former un couple et de fonder un foyer.

• Ne prenez pas le corps de l'autre pour un banc d'essai de l'amour, encore moins pour un objet sexuel !

• Maîtrisez votre sexualité : l'acte d'amour vous révélera alors tout son mystère.

• On n'est pas des castors ! N'oubliez pas les caresses qui préparent le don de l'un à l'autre.

• N'ayez pas peur de la fidélité : le désir n'est pas l'amour du cœur.

• Aimez à fond la caisse, mais gardez toujours votre indépendance au sein du couple.

• Restez vous-même, une fois marié : n'oubliez pas votre moi profond.

• Donnez d'abord à votre couple, ne faites rien passer avant.

• Accrochez-vous à votre couple : prenez conseil, affrontez la réalité et changez de conduite si nécessaire.

• Si, malgré tout, vous vous séparez, ne vous entre-tuez pas !

• Dans les divorces, préservez les enfants avant

tout : qu'ils ne soient jamais déchirés entre leurs parents.

- Que vos enfants soient les étoiles du Berger de votre vie.
- Enseignez-leur les valeurs de respect et de tolérance : c'est le premier amour de l'autre.
- Dialoguez avec vos enfants, mais restez ferme au besoin.
- Aimez vos enfants : prenez du temps pour être avec eux.
- Expliquez la sexualité à vos enfants : aidez-les pour que cette découverte soit équilibrée.
- N'aimez jamais en vrac : chacun est unique, personnalisez votre amour.
- Ouvrez toutes vos portes à l'amitié.
- Acceptez les différences des autres : votre partenaire, vos enfants, vos amis…
- Soyez toujours attentifs aux êtres aimés, écoutez-les.
- Aimez les plus pauvres, les victimes et les perdants. Soyez la voix des sans-voix.
- Apprenez à pardonner et à demander pardon : ne restez jamais sur un conflit au moment de vous coucher.
- Soyez vrai et apprenez à dire non : s'affirmer permet des relations authentiques.
- Dans tous les cas, aimer c'est durer.

- Que votre famille reste le cœur de votre vie.
- Aimez gratuitement.
- N'oubliez jamais que l'étranger est une grâce.
- Nous sommes tous des voyageurs : sachez accueillir en toutes circonstances.
- Essayez d'aimer même vos ennemis : c'est une magnifique et difficile aventure.
- Ayez toujours une bienveillance de réserve au lieu d'une vacherie au bord des lèvres.
- Faites tout par amour.

Bibliographie

BACHARAN, *L'amour expliqué à nos enfants*, Seuil, 2000.

BENSAÏD Catherine, *Aime-toi, la vie t'aimera*, Pocket, 1994.

BENSAÏD Catherine, *Histoires d'amour, histoires d'aimer*, Pocket, 2004.

BENSAÏD Catherine et LELOUP Jean-Yves, *Qui aime quand je t'aime ?*, Pocket, 2007.

CLERGET Stéphane, COSTA-PRADES Bernadette, *Comment avoir de vrais amis*, Albin Michel, 2008.

CYRULNIK Boris, *Parler d'amour au bord du gouffre*, Odile Jacob. 2007.

DALLAIRE YVON, *Qui sont ces couples heureux ? Surmonter les crises et les conflits du couple*, Le Livre de Poche, 2007.

GOTTMAN John M. et SILVER Nan, *Les couples heureux ont leurs secrets. Les sept lois de la réussite*, Pocket, 2006.

GRALL Marion-Catherine, *Au secours, j'ai peur d'aimer !*, Pocket, 2009.

GRAY John, *Les hommes viennent de Mars, les femmes viennent de Vénus*, J'ai lu, 2003.

HÉRIL Alain, *Aimer. Comment s'aimer soi-même pour aimer les autres*, Flammarion, 2007.

RUIZ Don Miguel, *La maîtrise de l'amour. Apprendre l'art des relations*, Jouvence, 1999.

SALOMÉ Jacques, *Jamais seuls ensemble. Comment vivre à deux en restant différents*, Éditions de l'Homme, 2002.

SAMALIN Nancy, *Amour et autorité : les repères de l'enfant*, J'ai lu, 2006.

Table

INTRODUCTION : L'AMOUR SAUVE TOUT 7
Il n'y a rien de plus grand 7
Lorsque la crise, c'est… chez toi 10
Une petite voix 12

L'AMOUR À DEUX 15
Nos vraies racines 15
Petits conseils aux tourtereaux 17
Maîtrise ta sexualité 20
Éloge des caresses 23
L'amour en échec 24
La bataille sordide du divorce 26
Les yeux innocents de vos gosses 27
À toi, enfant de la déchirure 29
Avant de t'engager 32

AIMER SES ENFANTS 35
Prendre le temps pour eux 35
Pour apprivoiser vos enfants 37
Aidez-les à découvrir leur sexualité 41
Ne jamais aimer en vrac… 44
Nathalie, l'enfant de mon amour 46
L'amour au-delà de la mort 48

LA SOLIDARITÉ 51
Juste un peu de chaleur humaine 51
Les petits pas de l'amour 53
Éprouver les choses 54
Chacun est unique 55
Une goutte d'eau 56
Pardonner et demander pardon 57
Savoir durer 58
Savourer la joie 59
Savons-nous accueillir ? 60
L'étranger est une grâce 61
Aimer ses ennemis, est-ce possible ? 63

AIME-TOI TOI-MÊME 65
Trouver sa voie 66
Être vrai 67
Le silence et la bienveillance 69

ET DIEU DANS TOUT ÇA ? 71
Hasard ou création de Dieu ? 71
Chacun chante la création à sa façon 73

Un accro de Dieu 75
Je T'attends 76

Mes amours 79
Le célibat, une histoire d'amour 79
Une extraordinaire aventure 80
Pauvre de moi… 82
Jusqu'au bout de mon rêve 85

Récapitulatif des conseils 87

Bibliographie 91

Cet ouvrage a été achevé d'imprimer
en février 2014 dans les ateliers de Corlet
à Condé-sur-Noireau

N° d'imprimeur : 162012
Dépôt légal : juin 2009
ISBN : 978-2-84876-142-8
Imprimé en France